塔羅的
魔法世界II

TAROT

代序一

認識 Irisa 已經是十多年前的事，當時我對塔羅牌一無所知，只是聽眾朋友提議做一些有關塔羅牌的環節。徇眾要求，我們開始打聽誰是最受歡迎的塔羅師，於是，便邀請了 Irisa 做節目嘉賓。

第一次見面，我已被她那一股仙氣所吸引，立即靈機一觸為她安上了一個稱號——塔羅仙子！

在節目環節中我們請聽眾朋友來電然詢問疑難，在直播中，透過電話即時用塔羅牌去解答。每次聽眾朋友都非常滿意，更收到不少感謝信。

其實不單聽眾朋友受惠，連我這位節目主持人也有所得着。當年子女們準備入大學，仙子根據塔羅牌的排列預言了他們入大學甚至工作的際遇……現在我回心一想，她所說的情況果然陸續出現了……

我要多謝塔羅仙子的預言給我足夠的心理準備，在毫無頭緒之時得到一些的方向！她總會為問者燃點希望，打開思維，不鑽牛角尖，令人明白到：山不轉路轉、路不轉人轉、人不轉心轉、心不轉念轉。在仙子的塔羅解說中總聽到正能量，我相信這並非是迷信而是有一個多讓你思考的角度！

多謝塔羅仙子為大家解困，讓大家走向一個美好的未來。

靜靜告訴你：小女兒的櫃桶內原來也有一本塔羅書。

車淑梅

代序二

　　世上有很多不同的宗教，如天主教、基督教、佛教、道教等等，主旨都是導人向善。同樣地，塔羅牌也能助人向善避凶。

　　塔羅牌與我有很多淵源。記得年青時曾遇一女士，她給我算過塔羅牌，說我自己可以做到很多不可能的事，及讓我知道自己應該怎樣走下去。故塔羅並不是迷信，而是可知道自己以後的路怎樣走下去，對人對自己都會有一些打算，可趨吉避凶，自我警惕不應做的事。

　　Irisa 上次推出的塔羅牌，風格保留了西方圖像美感。細看她今次的塔羅牌圖片，卻有很多很特別的中國風的圖像，但又有些日本風格，畫功細膩。雖然畫風不同，但含意是跟古老的塔羅牌一樣，所以都是同一的解法，不難理解。

黎小田

4

作者簡介

　　Irisa Lam，從事塔羅牌占卜超過二十年，曾出版《塔羅牌的魔法世界》、《Iris Lam 水晶魔法》、《Iris Lam 塔羅世界》和《家有囍事》。除了是資深塔羅牌導師之外，Irisa 亦擁有多項資歷：

- 水晶能量治療師
- 心理輔導情緒治療師
- 日本臼井靈氣治療師
- 能量場風水師
- 易經格局推算師
- 半寶石鑑定師
- 翡翠鑑定師
- 印度合一大學祝福者
- 印度合一大學合作夥伴學員

網址：http://www.sophia.com.hk/
www.irisatarotworld.com

自序

　　不知不覺，我潛心鑽研身心靈學問，從事塔羅牌這一行業已經二十年以上，這二十多年間我不斷遠赴印度、尼泊爾、台灣等多個地方拜師學藝，人生也經歷不少轉折和機遇，可以說是波瀾起伏又柳暗花明。

　　回首這二十多年，我特別感恩自己從小就能接觸到塔羅這份大智慧。學懂塔羅令我享受到財富自由，即使我後來也接觸到很多不同方面的學問，但塔羅一直在我身邊幫助我。因此我也很希望大家能透過塔羅牌了解自己，幫助自己掌握人生。

　　距離前一次推出塔羅牌也有一段時間了。其實這次想再出版的全新中國風塔羅牌也策劃了兩年多，起因於一個契機：此前，由於自己身體原因，我在武當山休養遊歷了一段時間。在那段日子我遇上很多不同的人，包括道長、宗教人士、習醫練武的師傅、對中國傳統建築有研究的朋友等等；

對於中國傳統文化，他們窮極一生來研究，並始終熱衷保護文化，這份熱情讓我十分感動。我親眼目睹這些人每天風雨無改在凌晨四點開始工作，支撐他們堅毅意志的原因只有一個，就是希望能夠把中國傳統文化傳承下去！

這段時間的所見所聞讓我意識到，其實每個人都有義務分享自己的經驗。所以在我為塔羅牌開始構圖時，我希望能通過與別不同的插畫風格來引起大家的興趣及共鳴。七十八張牌的偉特塔羅系列有四大元素：風、火、水、土。風元素是代表思想及策劃的長劍，火元素是代表行動力的棍子，水元素是代表關愛的聖杯，土元素是代表結果的金幣。而我通過用如意取代棍子，是希望大家做任何事情都能如願以償；以馬比作錢，是因為在中國古代，駿馬也被看待為財產的一部分；以鼎換杯則是因為在中國一直以來的傳統文化裏，鼎都具有神聖的象徵意義。另外，我在設計聖杯的圖案背景時，引用了一些屈原詩作《離騷》的元素，目的是希望寓意人們能拋棄惡習，堅持理想，創造美好人生；同時也希望大家透過這套塔羅了解自己更多，掌握自己的人生。

此書之完成，特別要感謝淑梅姐、小田為我寫序，更難得有何文匯博士為我新書題字，「遇之」，在人海茫茫中相遇再遇，之者從心底裏中了悟！感知無限的可能！

目錄

第一章

塔羅與生命歷程

塔羅牌是一項偉大的創造，至於它的起源，就有很多種說法。

有人認為塔羅牌和古埃及的《智慧之書》有關，他們相信此書以埃及象形文字創造了塔羅。後來埃及王朝慘遭滅國，族人為了防止這部神秘之書落入異族的魔手，便將它畫成圖畫，繪在卡片上，再經亞歷山大之手傳入歐洲。

到了中世紀左右，才出現了我們現在所用的塔羅牌，並在十二至十四世紀期間傳至歐洲。可是，它很快就被教廷禁絕；但隨着教會勢力減弱，塔羅牌又再得到發展，並陸續推陳出新，而它的研究亦變得更有系統。

保存至今、歷史最久遠的一副塔羅牌，是目前存放在法國巴黎國家圖書館的十七張大阿爾卡。

到了十八、十九世紀，經由哥柏林（Geblin）與李維（Levi）等人的研究與推動，塔羅牌又加入了靈數學，以全新面貌出現在世人眼前。至今，即使它已跨越了幾千年的歷史，卻依然能夠作為我們現代人的精神生活指引。

雖然同樣是七十八張紙牌，但它卻允許任何熱愛並理解它的人，根據自己的體驗來編寫註解及創造不同的塔羅圖卡。

是的，塔羅牌是一種生活方式、一種自我提升手段，也是幫助我們認清自我的工具。只有清楚自己身處的位置和能力、前進的目標和動機，我們才能為自己作出一個最好的選擇。誠然，選擇促使了進步。

選擇不是一件容易的事，因為我們很難去了解選擇背後的真正目的和動機。這時候，如果我們懂得運用前人留下來的寶貴遺產——塔羅牌，就能消除連串的疑慮：我處在什麼位置？目標是什麼？動機是什麼？該怎樣選擇？選擇之後該怎樣承擔後果？一切，都將因此而變得清晰，並且令選擇愛和滿足的目標不會偏離。

早在幾千年前，一些聰明的人就開始記錄並研究人類的行為模式。他們發現，人們從成長到投入一項事業、進入一個新環境，都存在着從無知到掌握、從勢孤力弱到掌控權力的變化過程。於是，他們設計了**愚者代表無知、魔術師代表技能、女祭師代表初定的目標、女皇代表成就和驕傲、皇帝代表知識和權利。**

到了這時候，塔羅牌又會提醒你程序尚未完結。所以，教皇牌會告訴你還需要從哪些經驗中總結出智慧和更高的目標，並且要通過審判牌所代表的覺悟，認清人生的目的再繼續前行。

而在這個過程當中，如果我們不希望半途而廢，矢志要抵達這一旅程的終點時，塔羅牌會再告訴我們其他必需擁有的素質；比如正義所代表的原則、力量所代表的信念、戰車所代表的果敢，還有隱士所代表的冷靜。同時，我們也需要學懂保護自己，令我們不被誘惑所蒙蔽；而戀人所代表的幻想和惡魔所代表的憤恨，則是對自己墮入險境的警告。

　　然而，塔羅牌也告訴我們，並不是所有人都那麼幸運。儘管我們付出了極大的努力，但當選擇出現錯誤時，惡果還是不可避免地出現。那時，我們需要參照倒吊者代表的反省素質、死神代表之重新開始的勇氣和節制代表的平衡來進行自我調整。我們還需要星星代表的希望來燃點前路、需要月亮代表的憂慮來小心留意危機、需要太陽代表的滿足來愉悅人生。

　　不過，代表因果循環的高塔、代表不可阻擋變化的命運之輪、代表完結的世界都寓意着人類不可逃脫的固有程序。

　　當然，利用前人留下來的思想和經驗結晶來引導我們現在的生活，可能只表達了塔羅牌內涵中的一部分，而另一部分：「到底思維的訊息如何從人體傳遞到塔羅牌呢？而紙牌又是通過什麼途徑來傳遞我們所需要的指示呢？」

這至今還是個謎。但有一點可以確定的是，專業的塔羅牌讀解者，能更準確地將清晰的訊息表達出來，讓你更了解你現在的處境。

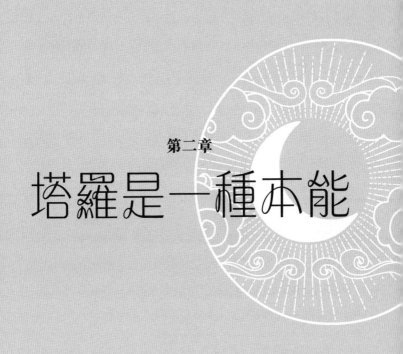

第二章

塔羅是一種本能

過去，統治階層常在很多方面箝制百姓的自由意志，並用傳統的道德觀念來束縛他們，以維持統治。今天，每個人的自由度都得到了擴展，可以自由地抒發情感，可以選擇自己的追求目標。可是，這也意味着我們要在新開闢的空間裏學習選擇真正適合自己的需求。

今天，我們要面對的訊息和誘惑實在太多了，從政治、軍事、宗教到金融、股票、全球一體化，當然還有性開放、愛滋病和同性戀等等。人們經常都為自己選擇了太多不恰當的需求，而帶來空虛、痛苦和失望。

西方社會的人們，在經歷了兩百年的資本主義社會發展至今，仍然為這理想而努力：成為一個平衡發展的人、一個懂得為自己挑選需求、能使自己真正快樂的人。

我們現在不平衡嗎？是的，從現在的教育方式看來，我們的成長基本上只是一個發展邏輯的過程。從父母簡單的對錯指引到適應家庭和社會模式的訓練，一切都旨在達到別人對自己的期望。我們的邏輯成了自己的主宰，而天賦的直覺就一直得不到引導。

有時候，我們一些不完整的直覺會被稱作愚蠢、不理性而受到壓制。事實上，正如我們已知的，大腦有三分之二的

細胞並不受我們的意識控制而自行運作，這是人體的一種本能。

當我們學會了跟這一種本能聯繫時，就能體驗到預感。我們可以像單純的土著和少數人一樣，憑藉預感和直覺生活，滿足自己的需要。這也像動物依靠本能生活一樣，知道南遷的方向，懂得避開地震等自然災害，使自己隨時保持最佳狀態，利於生存。當我們和宇宙能量聯繫時，就能得到邏輯不能帶給我們的堅強意志。

然而，在我們的直覺還不是很強的時候，信任直覺會是一件困難的事。害怕犯錯、被嘲笑往往使我們在面臨選擇時轉向信賴可靠的經驗和邏輯。其實，社會上亦暫時缺少完全值得信賴的直覺訓練。而塔羅牌純粹以直覺的訊息來為我們提供參考和引導，則是安全和有效的。它不僅在我們遇到問題時提供更多解決問題的直覺選擇，還使我們在事情的發展過程中印證和體會塔羅對直覺的引導，從中領會我們自己的需要和成長的方向。

第三章

與塔羅建立聯繫

在我讀過的塔羅書籍中，許多作者總是把自己多年讀解塔羅牌的經驗加插在每一張牌的解釋當中，目的當然是為了方便讀者理解牌的本質意思。有時候，你會在一張牌裏看到「你會得到一份禮物」或者「你的健康出了問題」的解釋，但要是你問的是與此無關的問題，那反而會被搞糊塗。其實，那些解釋是著書人用自己的牌，根據多年的抽牌經驗而附加上去的。所以只要牌的主人不同，抽到的那一張牌便可能代表另一個意思。

因此，更多的解釋要靠初學者在與牌建立聯繫和積累經驗的過程中逐漸建立。此外，我十分反對一些書籍和塔羅解讀者不負責任的胡亂斷人生死，故弄玄虛。他們都是缺乏良知的一群，為了樹立自己的權威而不斷作出恐嚇，令其堅信者往往用這種恐嚇和神秘感來逃避自己面對的問題。

本書只着重分析牌的本質，並盡量解釋產生這種結果的原因和帶來的影響。我建議用者把抽牌的結果記下，並在問題的發展過程中加以對比。這點其實非常重要，尤以初學者為甚。

我們要學習如何在遇到問題時抓住重點，或學會明確地提出問題，以免令抽牌的準確度出現偏差。這些，都需要在摸索的過程中去積累經驗；還有就是由身體將訊息傳遞到塔

羅牌上，這同樣需要磨練。

你還需要以信念來支持自己從錯誤中學習，再以自己的經驗去豐富自己的塔羅，並知道每張牌對自己所代表的內涵。

定期向專業的塔羅讀解者諮詢，也能幫助自己學習與塔羅建立聯繫和掌握自身直覺的發展方向，因為每個人都有屬於自己的塔羅——本能直覺。

第四章

塔羅牌入門

選牌

選一副自己喜歡的牌相當重要。現時，市面上出售的牌大多印有精美的圖畫，但它們不一定適合你。這是因為基於生活背景和經驗的不同，每個人都有不同的審美觀，每個人都會為不同的景象所觸動。

當你看到一件美的東西，它打動了你的心；當你凝視它，它使你鬆弛，使你平靜，使你精神煥發。這時，你和它之間便開始了能量的流動。而這一件美的東西，縱然能打動你的心，但卻不一定可以打動其他人的心；因此，同一副牌並非每個人都適用。

找到一副你自己喜歡的牌後，略懂塔羅的人都會告訴你：把它放進黑布袋中，藉此以刻意的行動去表達對牌的尊重。

曾經有人找我問牌，可是他們從一開始就表現出懷疑的態度；而最讓我生氣的，就是他們都抱着「看你這個人有沒有能力」的態度。他們心中根本沒有塔羅；更重要的，是他們的注意力也沒有放在所問的問題上，這樣的話，絕對不會得到準確的指引。

所以，我同樣建議你把塔羅牌放在黑布袋內保存，以尊重塔羅在你心中的位置。

建立聯繫

當你擁有一副新牌的時候，不要急着使用；也不要把它丟在一邊，然後急急忙忙的開始背牌意。

我們必須先與它建立聯繫——凝視你的牌，從畫面着手，去感受它。正如我前面提到的：「凝視牌的美、感受牌的美」。

一張一張的看，不要絞盡腦汁地判斷，好像要看出什麼高深的意義似的。你要做的，只是去接受它；就像我們在大自然凝視一棵大樹般，靜靜地體會它的美——我們的疲勞會得到減緩，能量亦會提升。

另一個聯繫則需要很強的耐心，那就是把牌意的解釋變成我們下意識的直覺。這有如演員排戲和面對劇本的台詞一樣：要找出如何令它們變成自己在那個環境中的下意識反映；再好的演員也會告訴你「先要把它背得滾瓜爛熟，然後再忘記它」。那就是要做到每拿起一張牌，腦海中就產生那些牌意的形象，而不是文字。

當你的內心和意識都能夠接受塔羅牌之後，你便已完成了第一步。

洗牌與切牌

1. 用左手拿着所有牌，用右手洗牌，洗牌時心中默念問題（若為左撇子，則左右手相反）。

2. 將牌面朝下放在桌上，分成三份。

3. 用左手隨意將三份牌疊成一疊（牌面朝下），放在左手。

4. 用左手將牌由左向右的推成扇狀。

5. 心中默念：請塔羅牌給我啟示，以及自己所要占卜的問題。

　　需要注意的是，許多塔羅書籍中都記載了關於塔羅牌逆轉放置（上下調轉）的解說，有的說當出現了逆牌，就表示要將此牌的原有意思全部逆轉；但依我所跟隨的學派之研究所見：出現逆牌只是一個角度問題，又或只是受到洗牌和揭牌的方式影響。

　　一般來說，逆牌只提醒你需要特別關注這張牌的意思，不過這只是過多或過少的量化問題。

　　事實上，七十八張塔羅牌所涵蓋的意思已經很全面，並且都是經過千年蒸餾的結晶，所以沒有必要再為每張逆牌另外附加意義。

　　在很多個案中，逆牌的解釋只會為你增加混亂。所以在

本書教授的洗牌和揭牌方式中，我們直接免除了出現逆牌的機會，而這也是現時塔羅讀解師最常用的方式。

抽牌

抽牌前我們先要進入一個平和的心境，這可以使我們更容易傳送和接收內在和外在的訊息。

其實，抽牌時沒有特定的禁忌和要求，只要在一個乾淨、能讓你放鬆自己的環境便可以了。

我喜歡在抽牌前點上香薰，因為它能使人放鬆並聚集能量，也有助直覺的提升。畢竟對我來說，塔羅是一種生活方式，這樣的態度也同樣使你可更輕鬆地堅持對塔羅的追尋。

抽牌是一件很個人的事，只要遵從幾個基本原則就可以了。那就是用左手把牌攤開，並永遠用左手抽牌，因為左手與我們那無意識的右腦連結。但如果你是個左撇子，則請你用右手完成這個程序。

還有一件重要的事要在你抽牌之前做好準備：那就是忘記你對問題所期望的結果。這主要因為頭腦中的訊息，會影響你和塔羅之間的連繫。當然，要做到這一點並不容易，所

以當自己遇到難以決定的問題時，最好向懂得塔羅的朋友或專業的讀解者尋找啟示。

正如在前面說的，要記下你所抽的牌。有時候，我們會連續抽到同一張牌，或許我們一時無法了解它的啟示，但是不要放過它。直到有一天，在某個情況下，你會突然明白這張牌的啟示和意義，令人如感頓悟。從此，這張牌對你來說便有了你自己的意義，同時你也明白了自己內在的一部分。

第五章

塔羅牌的深層意義

塔羅結構圖

塔羅牌

主牌 22 隻
（Major Arcana）

0. 愚者
1. 魔術師
2. 女祭師
3. 女皇
4. 皇帝
5. 教皇
6. 戀人
7. 戰車
8. 正義
9. 隱士
10. 命運之輪
11. 力量
12. 倒吊者
13. 死神
14. 節制
15. 惡魔
16. 高塔
17. 星星
18. 月亮
19. 太陽
20. 審判
21. 世界

寶劍
（風）

國王
女皇
王子 / 騎士
公主 / 隨從
Ace（1）
2
3
4
5
6
7
8
9
10

副牌 56 隻
（Minor Arcana）

如意 / 權杖 （火）	鼎 / 酒杯 （水）	馬 / 錢幣 （土）
國王	國王	國王
女皇	女皇	女皇
王子 / 騎士	王子 / 騎士	王子 / 騎士
公主 / 隨從	公主 / 隨從	公主 / 隨從
Ace（1）	Ace（1）	Ace（1）
2	2	2
3	3	3
4	4	4
5	5	5
6	6	6
7	7	7
8	8	8
9	9	9
10	10	10

主牌（Major Arcana）又稱「大阿爾卡牌」，它是由第一張「愚者」牌到最後一張「世界」牌，共二十二張牌組成。副牌（Minor Arcana）即「小阿爾卡牌」，分成了四部分：寶劍、權杖、聖杯和錢幣，每部分各有十四張牌，共由五十六張牌組成。

主牌體現了組成人類生活的主要元素，也就是當我們有一天突然回首往事所能記起的東西：代表幼稚心智的「愚者」、代表掌握權威的「皇帝」、代表命運逆轉的「高塔」——這些都象徵着我們生活歷程中的各個階段。

代表依戀情感的「戀人」、自我內在探尋的「隱士」和獨自面對心魔的「月亮」，都象徵着我們身處事件中的精神狀態。而「命運之輪」、「死神」和「審判」則象徵着我們應該從經歷中得到的教訓……

因此，塔羅牌的主牌可以準確地幫助你了解現在發生了什麼事情（What）和為什麼發生（Why）。倘若你想知道事情是怎樣發生（How），那就一定要配合塔羅牌的副牌來幫你讀解了。

小阿爾卡牌能補大阿爾卡牌的不足，並讓你更清楚地知道事情的發生、經過、時間、地點，以及內在和外在的因素。所以，要全面分析一個問題的話，大阿爾卡牌和小阿爾卡牌的配合就起了非常重要的作用。

主牌
Major Arcana

愚者

The Fool

關鍵字：

新開始、有信仰、自發性、貌似愚蠢。

圖案解讀：

愚者穿着色彩斑斕的衣服，戴着像小丑一樣的帽子，手舞足蹈，昂首闊步，拿着白色小花和輕便的紅色小包袱，懷着興奮和冒險精神向前路出發

他是魯莽而無知的：他左手拿着的包袱裏裝着經驗，但他只是漫不經心地扛着，卻不懂得運用。他擁有着一顆相信夢想的純真之心，他右手持着白小花，白色象徵純潔，他一身的衣服象徵熱情。腳邊的小狗象徵着愚者和動物一樣，憑本能行事。他無畏於腳邊的靈蛇引路，眼望長空，神色歡

欣。遠方的山脈象徵着他未來的旅程。他永遠沐浴在白色的陽光下。愚者是追尋經驗的靈魂。

推測解讀：

愚者牌是愚者處於混沌時期的牌，所以好壞雜糅，解讀牌義必須謹慎思考。逆位的愚者牌不一定是正位的反義，而有它特殊的含義。將愚者牌作為空白牌時，那正逆位沒有區別。

正位含義：

1. 愚蠢、毫無經驗、盲目行動。
2. 狂亂的精神狀態、極度興奮、毫無知覺。
3. 象徵旅程的開始、有追求新奇的冒險之心。
4. 從零開始、完成完滿的圓、包含無限可能、潛力無窮。
5. 搬家、轉學等，進入一個全新的環境。
6. 不拘形式的自由戀愛。
7. 異於常人、有藝術家氣息。

逆位含義：

1. 比正位的愚者更加漂泊、魯莽、瘋狂。
2. 代表缺席或由於過度小心而錯失良機。
3. 缺乏感情或感情態度輕浮。
4. 缺乏責任心、沒計劃、走錯路。
5. 靈魂墮落、失去純真、內心空虛。

魔術師
The Magician

I

關鍵字：

行動、專心、有意識的行為、控制力。

圖案解讀：

魔術師正在施行法術，她左手指向天，召喚神奇的法力；右手指向地，象徵了她正是聯合天與地的橋樑，主宰着地上的一切。圍繞着魔術師的是塔羅牌小阿爾卡的四個牌組，也是代表塔羅牌的四大元素：權杖（火元素）、聖杯（水元素）、寶劍（風元素）和錢幣（土元素）。

魔術師身穿黃袍代表熱情開朗，白色的內服代表她內心的純潔與智慧。她身前的生命之花圖案代表她具有無窮的創造力與潛力。頭頂的無限∞字圖案代表她有着堅強的意志和

純潔的內心作保證。圖的頂部還有代表潔淨的百合花及代表熱情的紅玫瑰垂吊着，使得魔術師有無限的思維。

推測解讀：

「1」是所有數字的開始，代表溝通。在占星學中，與 1 對應的水星也代表溝通。這一張牌蘊含着力量強大、正逆位不同、起落大、大喜大悲、結果明確的意思。

正位含義：

1. 代表與溝通或外交有關的食物。
2. 思路清晰、口齒伶俐、表述明白透徹。
3. 思維縝密、有把握、有自信。
4. 有良好的開端、將會發展順利、計劃成功。
5. 夢想成真或將有戀情發生。
6. 有良師益友出現，或有能給予正確引導和幫助的貴人出現。

逆位含義：

1. 因權杖的方向改變，預示着發生了錯誤的引導，或者精力用錯了方向。
2. 導致無法收拾的失控局面，或直接預示着失敗。
3. 花無法生長、缺乏熱忱和行動力。
4. 優悠寡斷、猶豫不決、才能平庸、缺乏創造力。
5. 愛情沒有進展。

女祭師
The High Priestess

II

關鍵字：

無行動力、潛力、無意識、神秘。

圖案解讀：

女祭師相傳是月亮的使者，虔誠、靜默卻又透着十分的警覺和睿智，是智慧與直覺的象徵。相對於魔術師的激情和主動，女祭師端坐於月亮側和在星星相伴中靜默地抄寫着經書。月亮的頭冠象徵她的女性形象，慈愛和嫻靜；而白色的長裙，象徵了她內心的純潔和對潔淨的要求。她內心有着強烈知性和洞察力，明辨是非善惡，靜待適合時機並給予明確的指示。前方懸掛着一個十字架及一隻陪伴的小狗，小狗代表過去的經驗；十字架有着強大的直覺和判斷能力，也暗示

了她強烈的是非觀念、理性的思考和判斷。

推測解讀：

　　女祭師的職位本身，已經能給推測者很多訊息。這是一張意義明確的牌。同時，若求問者為男性，則此牌代表關注他的女性；若求問者為女性，則此牌代表求問者自己。

正位含義：

1. 女祭師代表奧秘、神秘的食物和尚未揭露的未來。
2. 代表着靜默和堅持、冷靜的思考、強大的戰鬥意志。
3. 充滿知性魅力、具有優秀的判斷力和洞察力。
4. 有學問和智慧，或與科學的相關知識。
5. 獨立自主的女性。
6. 冷淡的戀情或柏拉圖式的戀愛。

逆位含義：

1. 無知、缺乏理解力和判斷力。
2. 理性的態度、有點神經質行為，不被外界理解和接受。
3. 挑剔、有潔癖。
4. 沒有結果的單思或獨身主義者。
5. 盲目自大、鋒芒外露、行為張揚、缺乏深沉的智慧。
6. 身體欠佳或不孕。

女皇
The Empress

III

關鍵字：

母性、體驗感覺、豐富的、自然。

圖案解讀：

　　女皇是中國古代帝皇家族中最權威女性的象徵，在女皇身後的鳳凰代表女皇有着至高無上的獨立的永恆的、高貴及繁榮的物質生活，有如百鳥中最尊貴的，為鳥中之王如百鳥朝鳳的尊貴身份。女皇洋溢着感性的女性形象，標舉着最善良、和平、大愛及聰明，是非常吉祥、幸福的象徵。

　　古代神話中，孔雀是優美、才華和神聖的鳳凰化身，比喻和諧。旁邊的小女孩，更為突出女皇母愛的能量。母親就是大地孕育萬物的象徵，也是代表繁榮興盛的景象。

推測解讀：

　　相對於女祭師主牌的知性，女皇牌更感性，更貼合女性之事。如果求問者是男性，則可能暗示與女性糾纏，或女性氣質強。

正位含義：

1. 女皇牌代表了豐收和繁榮。
2. 強烈的母愛氣息、女性魅力。
3. 有藝術才能或從事以女性為主的工作。
4. 代表結婚、生產或會有結果的戀情。
5. 優雅的生活或充滿喜悅的生活。

逆位含義：

1. 歡樂消失了。
2. 收穫有所損失或愛情遇到一些挫折。
3. 若求問有關生產，則可能代表難產、流產或墮胎。
4. 沒有成就感、內心迷惑不解。
5. 虛榮、任性、自負，令人無法接近。
6. 浪費和損失。

IV

皇帝

The Emperor

關鍵字：

父性、權威、強調結構、規則。

圖案解讀：

皇帝為一國之君，充滿自信坐在扶手雕刻了四顆龍頭的龍椅上。背後嚴峻蜿蜒的天下山脈，象徵了領導國家險峻的路途。皇帝身穿黑色龍袍，古代以赤、玄二色為尊，玄為黑，而黑色在五行中相對應為水，水在八卦中為坎卦，水主智、聰慧和深思熟慮。

皇帝牌代表道德戒律與禁令，此牌偏向秩序、規範和穩定的局面，擁有至高無上的權力。同時正由於這些理性和權威，他必須收藏起個人的感情，並且有高處不勝寒的隱喻。

推測解讀：

皇帝既可以是明君，也可能是暴君，所以皇帝牌是可好可壞的。著名心理學家榮格認為「父親代表道德戒律與禁令」，皇帝也是父權至高的象徵。

正位含義：

1. 代表對當事人極具影響力的人，情況好時，能給予當事人幫助；情況不好時，會對當事人進行控制。
2. 以堅強的意志力和政治手腕而獲得成功。
3. 有責任感、具領導能力和良好的處理能力。
4. 雖有點專制，但值得信賴。
5. 缺乏感情的交流而導致情感問題。
6. 與年長者戀愛。

逆位含義：

1. 欠缺理智的分析、自我放縱、欠成熟。
2. 意志薄弱、軟弱而猶豫不決、不夠自信。
3. 因傲慢而招人反感。
4. 工作過度投入或為人固執。
5. 經常無法擁有想要的東西。
6. 行事武斷、濫用權力、冷酷無情。
7. 佔有慾或控制慾過分強烈。

教皇
The Hierophant

關鍵字：

教育、一致、信仰體系、群體認同。

圖案解讀：

教皇身穿大白袍，端坐在信眾前，他頭戴着頭冠，代表了身心靈三層次的世界及權力。右手持權杖象徵神聖和權力；還有衣服上的兩個十字架，代表靈性溝通，他願意傾聽別人的心聲。

教皇是精神之父，提供心靈成長與道德教育，是社會規範和社會責任的化身，他用言論指引人們走向正途。

推測解讀：

推測時教皇往往代表心靈上的追求，尤其是道德方面的。

正位含義：

1. 有貴人相助或長輩的引領。
2. 代表各級機關團體和學校，或任何與群體有關的事物。
3. 暗指儀式、畢業典禮、結婚慶典或喪禮等。
4. 柏拉圖式的愛情。
5. 深情的愛、有結良緣的機會。
6. 代表神職人員、教師、長者、貴人、專業人士、保守分子等等。

逆位含義：

1. 打破傳統規範、不依常規、與眾不同、大膽創新。
2. 沒有貴人相助、孤立無援。
3. 緣分淺薄的戀情。
4. 過度的依賴心。
5. 沒信用或者太囉嗦而令人討厭。
6. 過度保守、武斷和固執，或者過度地標奇立異。
7. 不宜貿然採納別人的建議。
8. 不宜舉行儀式或參加慶典等。

VI

關鍵字：

關係、個人信仰、性慾、價值。

圖案解讀：

戀人這張牌的構圖是用梁山伯祝英台的梁祝而設計，互相緊握雙手，女戀人帶有淚光，而男戀人則閉上雙眼。戀人都帶着微笑，戀人關係確定和純真。

男戀人的紫袍寓意忠貞，而周圍有着蝴蝶飛舞，蝴蝶是愛情象徵，令人鼓舞和陶醉嚮往，也被視為吉祥美好、甜美的愛情和美滿婚姻，表現人類對真善美的追求。

推測解讀：

戀人牌不僅僅與愛情有關，它也暗示着「選擇」或廣義的「結合」。

正位含義：

1. 面臨着重大抉擇，須謹慎而深思熟慮，選擇不當則後果嚴重。
2. 價值觀面臨挑戰，須確定什麼是自己最重要的。
3. 預感到羅曼蒂克的愛情會到來。
4. 兩人感情融洽而甜蜜、長期穩定。
5. 結盟、合夥等幸運的合作關係。
6. 有好的機會出現在眼前。

逆位含義：

1. 婚姻或愛情遭受挫折或失敗。
2. 不恰當的合夥或聯盟關係。
3. 冷漠的愛或者逃避的愛。
4. 背信或者不信任。
5. 不穩定、無法持續。
6. 錯誤的決定。

戰車

The Chariot

VII

關鍵字：

勝利、自我聲明、意願、強勁的控制。

圖案解讀：

　　圖中英勇的戰士駕駛着一輛有兩頭丹頂鶴的戰車，丹頂鶴象徵幸福、吉祥、長壽和忠貞，在之前的經歷中有着勇往直前、成熟、探索的表現；而戰士已經獲得勝利凱旋而歸。戰士手上和丹頂鶴身上的繮繩，表示戰士能控制整個局面。戰士胸前的四方形代表土元素，象徵意志的力量，是個勇敢的守護者。

推測解讀：

　　6號的戀人牌代表選擇，此張戰車牌則代表了選擇之後

採取的實際行動，以及生活的轉變。

正位含義：

1. 具有堅強的意志力、堅定不移的信心和決心、控制整個局勢。
2. 獲得勝利。
3. 有野心或先下手為強。
4. 出現挑戰、須勇往直前。
5. 感情過度自控、缺乏溫和的交流和溝通。
6. 活潑而又獨立的人格。
7. 代表一個人，可能是旅客、司機、騎士、贏家或者任何一個具有戰士精神的人。

逆位含義：

1. 慘遭失敗。
2. 當事人野心過度膨脹、太過魯莽而導致衝突與阻礙。
3. 感情方面，可能有口角或發生三角關係。
4. 旅行計劃被延期或取消，或在旅途中遇到無法預期的狀況或事故。
5. 酒後駕駛、危險駕駛或身陷衝突的人、魯莽的人等。
6. 喪失戰鬥意志、狀態不佳。
7. 遇到強勁的敵手。

正義

Justice

VIII

關鍵字：

公正、決定、責任、因果。

圖案解讀：

男子披上一身紅袍，代表他擁有無比的熱情，有着實現正義不屈的精神。左手持天秤，右手持長劍及戴着眼罩站在綿羊身上，代表着他擁有純潔的心胸，不被誘惑；對於不公義的人與事，揮劍便斬，大公無私。處理問題，不怕權勢，是堅持道德與正義的崇高代表。

推測解讀：

正義牌的出現，通常代表與某個決定有關，需要用心中

的天秤來衡量各種因素而作出決定。它暗示着我們，不論何時何地，都要堅持道德與正義，要有寬容的心胸，不可受利益影響而偏私。

正位含義：

1. 公正、受到公平的待遇。
2. 分析利弊、合理地處理事務。
3. 彼此獲得協調或中立的立場。
4. 作為一個協調者、裁判者、應站在公正的立場。
5. 暗示將會討回公道。
6. 代表還你公道的某個人。
7. 誠實之心、光明正大。

逆位含義：

1. 不公平和不公正的待遇。
2. 契約等存在問題、不夠公允，或許有詐。
3. 做出了錯誤的判斷。
4. 會發生紛爭或訴訟。
5. 無法兩全、無法取得平衡。
6. 發生了逃避責任、偏頗、偏見或獨斷專橫的行為，總之心中有愧。

隱士
The Hermit

IX

關鍵字：

反省、引導、尋求、尋找孤獨。

圖案解讀：

　　身披黑袍手持木棍及油燈的少年，從森林深處慢慢走到一座黑暗古老的城堡內，他一手持木棍代表堅毅的勇氣及力量；另一邊手持油燈，代表他還有探索冒險的精神及智慧。

　　他不怕危險，勇往直前探索未知的世界，他透過自己過去的經驗，靜思尋找最終答案。

推測解讀：

　　如果隱士牌出現在牌陣的中間，則可以比較簡單地解釋出來，但如果出現在結果部分則含義比較難解；此時不妨重整牌局，或者注意從一些細微之處，尋找出答案來。

正位含義：

1. 擁有智慧和卓越的見解。
2. 思慮周密、冷靜沉着。
3. 需要獨處和內省、自我思考的空間。
4. 可以向有智慧的前輩或長者請教。
5. 單身或暫時退出感情關係。
6. 極有幫助的建議。

逆位含義：

1. 失去謹慎而導致失誤。
2. 過於固執、我行我素而不願聽從別人的意見。
3. 孤獨。
4. 過分遠離人群，缺乏溝通與交流。
5. 過分的警戒，影響事物的順利發展和進行。
6. 輕浮的愛情和對愛情產生懷疑。

X

命運之輪
The Wheel of Fortune

關鍵字：

命運、運動、轉捩點、個人視角。

圖案解讀：

在長廊上有多個轉經輪，女子一直往前行走，右手轉動經輪，得以從六道眾生極大痛苦中解脫。長廊寓意着漫步人生，經輪就如經歷人世中各種無常多變的命運，好懷着坦然面對的心情。

她穿着傳統藏族服飾，衣着整潔、色彩規律，白色是吉利和祥瑞的象徵，善的化身；紅色代表力量；黃色代表光明和希望，寓意豐收富貴之象，還代表佛祖的旨意和弘法恩典，至為崇高神聖，有着濃厚的宗教色彩；這種藍色就是藏

區的「藏青」或「藏藍」，它顯得神秘而高遠；金色則代表富貴和莊重。這幾種色彩和經輪是互相呼應的，是福是禍也是命運之輪的最大定律。

推測解讀：

命運之輪牌表現了命運的不可預測和變幻莫測。當命運之輪轉動時，猶如人生潮起潮落，禍福變換。命運是變化的，同時每次是新的周期、新的開始，是輪迴的。所以當命運之輪牌預示出好的結果時，同時也暗含着否極泰來的意義。

正位含義：

1. 代表好的轉變。
2. 工作、財運上會有意外驚喜。
3. 會有一見鍾情的戀情發生。
4. 好運、好的機會到來、把握到來的好的人生機遇。
5. 美好而幸運的婚姻、注定的姻緣。

逆位含義：

1. 代表不幸的轉變。失敗。
2. 不要試圖拒絕命運之輪必然的轉變，要坦然接受。
3. 猶豫不決、未能抓住機遇。
4. 時機未到或居於逆境、不宜做投機之事。
5. 失戀或者短暫的戀情。

11

力量

Strength

XI

關鍵字：

顯示力量、有同情心、有耐心、軟控制。

圖案解讀：

　　力量牌的畫面上，一位美麗的女子正馴服一頭勇猛的獅子。力量的含意，並非指壯漢的蠻力，而是指內心的堅韌。獅子代表人類的本能，美麗女子運用的是她所擁有的特質，以柔克剛，用堅韌的意志制服獅子。同時整幅圖也體現了「剛柔並濟」和整體平衡的寓意。

　　女子頭上的無限能量符號，象徵着智慧與無窮的潛能。她頭上的頭飾，象徵着她的高貴聖潔、溫柔但堅韌的力量。她無所畏懼，有着戰無不勝的勇氣、信心和耐心。她散發出

自信的光芒，溫和中自有一股威嚴。這象徵着我們要憑藉這些優秀的特質克服內心的獸性和恐懼、憤怒與衝動。

推測解讀：

力量，顧名思義，首要牌義就是力量；但這裏指的並非壯漢的蠻力，而是內心的堅韌。

正位含義：

1. 外柔內剛的特質。
2. 有勇氣、信心、內心堅強。
3. 不屈不撓、全力以赴、突破難關。
4. 具有神秘的力量或旺盛的鬥志。
5. 轟轟烈烈的愛情。
6. 平息內心的不安煩躁和憤怒。
7. 降伏病魔重拾健康。

逆位含義：

1. 軟弱無能、內在的勇氣和信心消失了。
2. 恐懼和懷疑、猶豫不決。
3. 勉強行事、濫用力量而適得其反。
4. 自大、自負、故弄玄虛。
5. 愛情無法持久。
6. 需多加注意健康問題。

12

XII

倒吊者

The Hanged Man

關鍵字：

順其自然、懸吊、反向的、犧牲。

圖案解讀：

這是一位被倒吊在一棵樹幹上的年輕人。他雙手交疊於背後，雙腿交織成十字，整體形象成了西方煉金術中的一個煉金符號，象徵著偉大事業的完成，低層次的欲望轉化到了高層次的靈魂。

倒吊者處之泰然的表情，代表全心接受考驗和作出犧牲的準備。一身黃和紅色衣服配搭，表示倒吊者對犧牲的主動和希望。與倒吊者一起反向掉落的金幣、背景綠色代表著和平和生命，寓意倒吊者有著順其自然的心態，坦然面對犧牲

並期待着比金錢更有價值的收穫，及從另一層面來看清這世界。有捨才有得，他是崇高的殉道者。

推測解讀：

倒吊者牌的出現，正位是有償的犧牲，逆位則可能是無償的犧牲，或者是不付出的意思。關鍵是弄清楚正面臨抉擇時，這一次犧牲是否有價值。

正位含義：

1. 接受考驗、不貪圖眼前利益。
2. 有犧牲但有失必有得、有償的犧牲。
3. 面臨抉擇時內心平靜、做自己想做的事、聽從自己內心的選擇。
4. 等待、不要急躁、換一個角度思考。
5. 充滿奉獻的愛，或明知辛苦不一定有回報，仍然全心付出、全力以赴。
6. 感情方面，可能需要靜靜等待一段時間。
7. 換一個角度看世界、事情。

逆位含義：

1. 苦苦掙扎、鑽牛角尖、想不透人生的真諦、無法換一個角度來看世界。
2. 利己主義者、不願付出和犧牲。

3. 沒有耐心、不努力。
4. 受社會眼光約束、不敢做自己想做的事情。
5. 得不到回報的愛情，或者泛指無謂和毫無結果的犧牲。
6. 可能出現身體上的傷害，重則折斷骨頭之類。
7. 也可能暗示停滯不前狀態，或者有着犧牲精神。

死神

Death

XIII

關鍵字：

結束、消除、改變、內部的力量。

圖案解讀：

　　死神身穿啡黑袍，腳下一堆骷髏頭，陰深而邪惡。死神臉朝向另一處滿地大南瓜、青草地和陽光的地方。象徵永生的朝陽冉冉升起，這代表了通往耶路撒冷的神秘之旅，象徵着死亡絕不是一切的終點；也代表死神即將離開死亡情景，步入生機蓬勃的景象。過往的一切全部洗掉，一切重新開始。

　　死神預示着忘記過去，獲得新生。

推測解讀：

雖然名為死神牌，但肉體死亡的含義在推測中是最罕見的，死神牌更大意義上代表着各種形式的結束。

正位含義：

1. 失敗、失業或交易終止、停滯。
2. 戀愛關係的結束、結婚、離婚或分手等。
3. 生病或發生意外。
4. 戒除長久習慣，包括戒煙戒酒等。
5. 生活味如嚼蠟毫無生氣。

逆位含義：

1. 起死回生、柳暗花明的轉機。
2. 病情奇跡般康復。
3. 斬斷情絲、開始新生活。
4. 改變印象或者挽回名譽。
5. 低迷期的結束、新的良好開端。
6. 頑固不肯放手、恐懼、沉溺在過去中無法自拔。

XIV

節制
Temperance

關鍵字：

節制、健康、平衡、結合。

圖案解讀：

牌中的天使緩緩將水倒入聖杯中，身上的黑白色衣服代表女子的精密力量。兩個聖杯，分別代表着「物質」和「精神」，象徵着在物質和精神方面的渴求；當兩隻聖杯都注滿時，便可取得平衡，邁向成功。調節聖杯之水不致溢出來的，便是暗含的「節制之力」。天使飛揚的雙翼，代表她獲得平衡的能力。背後的金色光環代表智慧。

節制體現出來的是適度和自我克制。在充滿誘惑自由放任的世界裏，找到自我的平衡。節制的能量從表面看起來也

許沒有激情，然而它是颶風中的寧靜。這樣的人散發着沉靜的力量。在平靜和從容中，不知不覺已獲得成功。

推測解讀：

節制牌代表了適度的需要和平衡的必要。妥協和合作是非常重要的，應尋找一切機會使對立的雙方結合為一體。要是加入一個新元素，節制便意味着改變。通過結合和重新結合，我們能找到一個理想的混合體或解決方案。

正位含義：

1. 交往順利、兩者相融和暢。
2. 調整、彼此交換有利條件。
3. 平凡中也見到真正的幸福。
4. 心境平和、生活單純而順利。
5. 從好感轉變為愛意。
6. 深深的愛戀。

逆位含義：

1. 消耗、浪費、沒有節制的損耗。
2. 缺乏調整的能力、難以保持平衡狀態。
3. 愛情中彼此沒有默契。
4. 不穩定的工作。
5. 雙方合作不融洽、不宜與人合作。

惡魔

The Devil

關鍵字：

束縛、無知、物質主義、絕望的。

圖案解讀：

惡魔兇殘獰惡，頭頂上長有鬥牛角、怒髮衝冠，如吸血鬼的雙眼和滴血的口角。身上沾有血紅色的衣服，兩手拿着鐵鏈鎖着兩小孩，其中一小孩一副無知懵懂的樣貌；另一小孩則長出猙獰的尖牙和惡魔的耳朵，異常墮落的面孔。他們脖子上彷彿鎖着鐵鏈，似乎無處可逃；但仔細地看，魔鬼並沒有鎖着他們，因為魔鬼的手上仍然拿着鎖扣，所以他們是可以逃走的，但是他們並沒有這樣做，表示他們是自願承受枷鎖所縛的。他們已經沉淪，上天的祝福變成了詛咒。

惡魔牌的背景一片墨黑，象徵着精神上的黑暗。惡魔的力量是強大的，一旦屈服於惡魔的輕聲細語之下，便跌入萬劫不復的深淵。

推測解讀：

誘惑，是惡魔牌的重要含義。誘惑在於心靈，惡魔牌提醒着保持內心自省的態度。

正位含義：

1. 因為欲望而墮落、被束縛或不可抗拒的誘惑。
2. 忽略了心靈、盲目追求外在的物質，或沉迷於某種刺激中深陷成癮。
3. 卑躬屈膝、荒誕生活。
4. 有惡意。
5. 有病魔入侵。
6. 私密性的戀情、明知不應該卻無法自拔的戀情。
7. 代表小氣、勢利、貪心的人、工作狂等。

逆位含義：

1. 脫離了物質的束縛、思想恢復開放、得到自由。
2. 拒絕誘惑、捨棄私欲。
3. 長期病痛得到治癒。
4. 斬斷情緣、從長期痛苦的戀情中得到解脫。

5. 面臨別離。

6. 愛恨交加的戀情、愈加深陷泥沼。

7. 一片混亂、更強烈地追求物質，甚至使用一些不正當的手段或罪惡行為。

16

高塔
The Tower

XVI

關鍵字：

突然的改變、下落的、釋放的、有啓示性的。

圖案解讀：

　　一座屹立山巔的高塔正受雷擊，即將毀滅。高塔象徵物質，從高塔頂跌落的城主代表統治和成就。天上的雷，是代表突如其來的變化。人從高塔上摔下，象徵着人類即使有再大的能力，依然敵不過自然的力量，違逆不過上天的旨意。高聳的高塔和城主，也象徵着人類的高傲和自滿，這是遭受毀滅的本因。因此城主深深明白只有避開這突如其來的襲擊，才不需付出自己可能承受不了的沉痛代價。要是不離開傾斜的高塔，城主便可能困在高塔裏，還會受傷或嚴重至死

亡，這樣的困境未必是一般人類可以解決。

推測解讀：

　　在大阿爾卡牌中，高塔牌是最不懷好意的一張牌，也是宗教意義很重的一張牌，提醒自省的意義便相對地強烈；但同時也需明白，沒有非常的破壞，就沒有非常的建設。要解脫高塔的牢籠，亦是置之死地而後生。逆位的高塔牌與正位類似，但改變不如正位劇烈。而其實有時候壓抑控制事態發展不一定是好事，更有可能把自己囚禁在高塔內。

正位含義：

1. 致命的打擊、遭遇劇變或意想不到的事情。
2. 紛爭、糾紛不斷。
3. 身患急症。
4. 玩火自焚。
5. 與周圍的事物對立、情況十分糟糕。
6. 信仰崩潰、內心世界變得黑暗而徬徨。
7. 突然的分離或者幻滅的愛情。

逆位含義：

1. 因驕傲自大將付出沉痛代價。
2. 狀況不佳、陷入困境、周遭環境險惡、有問題急需解決。
3. 事態緊迫，有背水一戰的意味。

4. 注意可能會出現刑事問題。

5. 愛情出現危機，或許有分離的預兆。

6. 內訌、關係將破裂。

星星

The Star

XVII

關鍵字：

希望、慷慨、靈感、平靜。

圖案解讀：

希望之星在天空灼灼生輝，天穹下面，恆河邊有位美麗女子提着水壺，傾倒出源源不絕的水源來滋潤大地，而這些水蘊孕了地球上所有的生命能量，是生命力的象徵。

我們要不吝嗇地盡心付出我們的愛，藉此培育希望，邁向光明的未來。

只要能夠相信未來，就一定能達到目標，因此，星星會不停地閃耀着光輝，前途必會是一片光明。星星是靈感和希

望的源泉。星星的光芒給我們心靈指引方向。星星牌給予我們承諾，釋放恐懼和懷疑，使我們最終能找到心靈的平靜。

推測解讀：

經過死神和惡魔，星星象徵了欣欣向榮。星星雖然不能提供具體實踐解決方案或最終結論，但星星令人振奮和鼓舞，給予希望。當看到星星牌時，我們知道自己正處於正確的軌道上。我們的目標和熱情得到了祝福，同時我們也必須採取積極行動，運用星星的光芒指導下尋找出正確的方向。

正位含義：

1. 願望達成。
2. 前途光明、未來充滿了希望。
3. 有新的創造力和想像力。
4. 生活美好、水準提高。
5. 美好的戀情、理想的對象、愛苗得到滋潤。
6. 懷孕消息。

逆位含義：

1. 遭遇挫折和失敗。
2. 事與願違、情況不樂觀。
3. 缺乏想像力。
4. 異想天開、好高騖遠。

5. 缺少愛的生活，或追求不可高攀的對象。
6. 秘密的戀情、未來希望渺茫。

月亮
The Moon

XVIII

關鍵字:

恐懼、想像、幻想、困惑。

圖案解讀:

夜空中懸着一輪巨大的滿月,少女雙臂抱胸緊閉雙眼、下半身進入水裏,一副若有所思和迷失不安的情感。月亮象徵想像,聯想的精神世界。月亮的陰晴圓缺,也代表着「變化」。月亮牌寓意着潛意識的活動,事物的曖昧性以及感應到不安全的訊息。

繁星和雲代表希望、高升和吉祥,儘管這黑暗世界非常可怕,但是只要我們在正確的環境下便不必恐懼,月亮能引導我們到未知的領域,這樣就令到我們的生活變得不平凡。

推測解讀：

我們可能都會害怕月亮，解牌時，月亮牌通常代表恐懼和焦慮——它們都是來自夜裏最黑暗的一角。月亮也代表幻想，月亮下，我們都很容易迷失方向，有時會被詭計和錯誤的想法誤入歧途。所以月亮牌在提醒我們必須回到正途，要清楚自己的真正的目標。

正位含義：

1. 內心失去平靜、不安易動搖。
2. 欺騙、謊言。
3. 暗藏危機、危險信號。
4. 彷彿鬼迷心竅、受誘惑而難以自拔。
5. 三角戀情、令人不安的戀愛。
6. 內心迷惑、難以抉擇。

逆位含義：

1. 從危險的騙局中逃脫，擺脫那種虛情假意的愛情依賴性。
2. 冰釋前嫌、消除迷惘。
3. 狀況有所好轉。
4. 事前察覺危險、倖免於難。
5. 長遠的眼光。
6. 靜靜地等待讓時間解決一切問題。

太陽

The Sun

XIX

關鍵字:

啟發、有生命力、偉大、保證。

圖案解讀:

太陽牌表達的是生命的喜悅。金色的太陽是生命的源頭,萬物依賴它維生。太陽在天空中微笑着,它的光芒照亮整片大地,小男孩歡天喜地迎接這力量。太陽照射出十三道光芒,十三這數字代表吉祥和高貴。

小男孩所穿的紅色衣服象徵力量,旁邊搖鼓送來希望和光明。小男孩的純真自然笑容和光明而燦爛的太陽,帶來生命的喜悅和隨心所欲的生活。

推測解讀：

　　雖然過度的陽光代表灼傷，意味熏烤；但太陽牌是所有大阿爾卡牌中最具光明意義的一張牌，比星星牌更加充滿希望。而逆位的太陽牌代表失去正面能量，失落與孤獨、毫無生氣。

正位含義：

1. 豐富生命力、精力充沛、生活自由自在隨心所欲。
2. 工作順利、飛黃騰達。
3. 學業進步、金榜題名。
4. 愛情得意順心。
5. 婚姻幸福美滿。
6. 暗示或建議到熱帶或亞熱帶的國家旅遊。
7. 晴朗天氣。
8. 代表一個人、嬰兒、小孩等快樂的人。

逆位含義：

1. 活動力變弱、意氣消沉。
2. 生活不安定、人際關係不佳。
3. 可能會失業。
4. 失戀、結果不明朗的戀情。
5. 離婚、分居。
6. 事態發展到不樂觀的地步。

審判
Judgement

關鍵字：

審判、心聲、重生、赦免。

圖案解讀：

少女在荷花池上吹奏着笛子，荷花池中有着盛放的荷花，也有着還沒開放和枯萎的荷花。荷花寓意正直、廉潔和高尚，她藉着笛聲來喚醒這一切的真善美，而背後的流星雨則帶來一股神秘力量，把一切罪孽清洗。這笛聲和流星雨猶如審判，在呼喚人類的覺悟，深知過錯，帶着悔改之心去糾正錯誤以獲重生。

審判牌在超越自我認知終極的世界之前，反省自己的過去，進行自我剖析。認清並且洗滌自己曾經的錯，堅信曾經

的對，才能終極走向成功之門，準備開始嶄新的生活。你也許感到一種召喚，那是對你想做的事情的確信。如果你正處於人生谷底階段，需要希望和赦免，審判表示重生觸手可及。

推測解讀：

最終審判，在基督教的概念中，神會站在歷史的終結處，所有人都會走向最終審判。審判之時，善必得報，惡必被懲，而這張牌正顯示這個終結之處；而審判之後，便是重生後所見的美好世界。

正位含義：

1. 解除危機或代表身體恢復健康。
2. 事業上嶄露頭角或有晉升機會。
3. 有好消息、事態明朗或帶來重見光明的喜訊。
4. 愛的奇跡。復蘇的愛情、再度獲得寵愛。
5. 審慎、判決、決斷。

逆位含義：

1. 壞消息、失敗、從此一蹶不振。
2. 無法作出決定、被拖延期限。
3. 距離復蘇或事態好轉還有一段頗長時間。
4. 戀戀不捨的愛情。計劃、建議、應聘或愛情遭受拒絕。
5. 重新開始後重回原狀。

XXI

世界
The World

關鍵字：

融洽、開始參與、成就、履行。

圖案解讀：

圖中顯示的世界是不同種族、像遠古的四大文明古國，亦是四大文明發源地。經歷世世代代的孕育和融洽協調創造，成就現今的和諧。事實上我們只要擁有感恩的心，就必定能為自己打造美好的世界，找到幸福和快樂。

快樂的主要元素是整體，那就是所有一切都在一起協調工作的感覺，它不是一種靜態的方式，而是動態平衡，參與同樣是非常重要。要快樂，就必須感覺到是被聯結的，而與我們周圍的一切結合，同樣感覺到成就感，並知道我們是有

目標的，而且能夠成功地向目標進發。當所有的元素共同運作時，我們就會感覺到充實並得到幸福和諧。

推測解讀：

世界，就是最終極的幸福之處。推測時，世界牌是一個非常積極的信號，代表我們認識到自己內心的渴望。21 號世界牌為積極貢獻和服務的象徵，要把握世界，我們必須把自己投身其中，這就是真正快樂的源泉。

正位含義：

1. 完成、成功、達成目標。
2. 擁有畢生的追求。
3. 達到標準完美狀態。
4. 快樂的完結、美好的結果。
5. 理想的戀情、被人羨慕的情侶。

逆位含義：

1. 還沒完成、沒有獲得計劃中的成就。
2. 因準備不足而失敗。
3. 事情進行不順利。
4. 精神鬆弛、狀態不佳。
5. 態度不夠圓滑、不能發揮整體優勢。
6. 不夠成熟穩重而使情感挫敗。

副牌
Minor Arcana

◆ 寶劍 ◆

象徵空氣的元素

它代表思想的各種狀態

是頭腦、邏輯和對身邊事物的反應

King of Swords

本質：	成熟的男性頭腦、專心、熱情且富有堅定的決心。國王代表有自制能力的成熟男人，善於思考，是個很好的組織者或管理者。
感情：	你試圖透過頭腦和計劃來引導你們的關係，但對於計劃以外的突發事件卻無所適從，而且缺乏驚喜。
工作：	你能夠專心工作，並有達成目標的決心。
負面意義：	破滅、手段。

寶劍女皇
Queen of Swords

本質： 成熟的女性頭腦，能清晰和客觀地思考，也是揭開假面的人。你是個完美主義者，會根據經驗去引導自己的思考、發展方向。

感情： 在你與別人的關係中，你持有一種開放而清晰的看法，並且謹慎地發展你們的關係。而過去的經驗，則令你小心處理承諾。

工作： 你對工作有清晰和客觀的看法，善於處理人事關係，是個好上司。

負面意義： 頑固、惡意。

寶劍王子
Knight of Swords

本質： 王子具有敏捷的行動和思維，代表打破限制的觀念和思考模式。但是，你也會因為急躁和缺乏耐性而未能認清自己的方向。

感情： 你對你們的關係已經有點不耐煩，並試圖掙脫限制。又或者，你根本只是個過路者而已。

工作： 你試圖突破舊有的約束和限制，並因而變得富創造力。注意不要過於批判，否則會影響你與同事的關係。

負面意義： 無能、自負。

寶劍公主
Princess of Swords

本質： 代表輕鬆、樂觀和容易幻想的狀態。生活中，你常用這種狀態來把壞心情和眼前的烏雲掃走，使自己看清前路，但往往缺乏實際行動。

感情： 這張牌暗示你對兩性關係存有神秘感，故將一切停留在幻想之中，它也代表你正試圖掃除思想上的舊有障礙。

工作： 工作中有千頭萬緒等着你釐清，而你也正在試圖看清眼前的狀況，讓自己變得更實際。

負面意義： 漏洞、意料之外。

寶劍 1
Ace of Swords

本質： 清晰的頭腦、敏銳的洞察力。大膽的計劃出現了，冒險即將開始；如準備周詳，成功並不遙遠。

感情： 你與伴侶的關係或對你們追求的目標有了新的看法，或是作出了一個決定。精神上的共鳴，使你有了行動的衝動。

工作： 你很想去實踐你的計劃，因為它已在你的頭腦騷動了，不過謹慎的行動才是成功的保證。

負面意義： 破壞、引起爭端。

寶劍2
Two of Swords

本質： 這張牌表示你的內心已經作出了決定，所以無需再去折磨自己的思想了，一切就看命運的安排吧！其實，「讓命運去收拾殘局」，有時也是一種樂觀的生活態度。

感情： 你們並沒有什麼問題，只要多給對方空間，就能盡情享受戀愛的自在。

工作： 不要把成功看得太重，你正處於需要平穩的階段。

負面意義： 結束、不誠實。

寶劍 3
Three of Swords

本質： 這代表了痛苦、憤怒和挫折。它們之所以一起出現，旨在讓人學懂謙虛、憐憫和包容的美德。只有經歷了它們，我們才能成長。

感情： 這張牌表示你們的關係正處於一個糟糕的時期，又或者你為了不受傷害而正在逃避。對你來說，順其自然這個方法可能有用。

工作： 看來你的工作或與同事的關係出現了問題，你需要好好的反省一下。

負面意義： 不和、過錯、三心兩意。

92

寶劍 4
Four of Swords

本質： 這張牌代表到了休戰調整和接受事實時候。從爭
鬥中退出，反省行為的意義和積聚力量是生活中
的重要環節，而懂得接受也能為自己的生活剔除
不少煩惱。

感情： 你接受了與伴侶的關係狀態，懂得不再為瑣事煩
惱。或者這是因為伴侶對你表現消極，令你受到
了影響。

工作： 你以接受來逃避工作上的問題，這或許是一種方
法，但不宜拖得太久。

負面意義： 重新行動。

寶劍 5
Five of Swords

本質：	因着挫敗而失去了希望，令頭腦失去了和諧而混亂。只有勇於承認失敗，它才不會在內心留下陰影，令你看到新的希望。
感情：	你們之間的關係或一件事情將無可避免地面臨失敗，而這全因你試圖求勝所造成。
工作：	你的計劃沒有成功的希望，另覓一個新目標會更實際。
負面意義：	大損失、暗示不幸。

寶劍 6
Six of Swords

本質： 混亂已經結束，現在是平靜下來客觀分析問題的時候。這是一個必要的過程，否則問題會帶着混亂捲土重來。

感情： 你們之間的關係理性而平穩，而存在的問題都能合理地解決。但這並不代表相處融洽，因為中間可能缺乏了刺激。

工作： 工作上暫時很平穩，對自己和過往工作的反省有助達成目標。

負面意義： 表白、告訴、無路可走。

寶劍 7
Seven of Swords

本質： 不要讓負面的思想侵蝕你的意志，喬裝受害者對於達到目標只會是徒勞無功和浪費精力，變通才是最好的辦法。

感情： 你對現在的關係失去了耐性，而相互間亦缺乏信任。矛盾之所以出現，主要因為雙方均缺乏信心。

工作： 這張牌代表了煩躁、無聊、浪費時間和被隱藏的動機。

負面意義： 忠告、意外。

寶劍 8
Eight of Swords

本質： 由於面對太多的選擇，以致思想受到干擾，令你變得混亂、猶豫，繼而喪失了行動的動力，陷入困境。

感情： 你們的關係確實陷入了困境，但這並不能靠你獨力解決。看來，你們需要在溝通方面多下點功夫。

工作： 你遇到的問題和過多的意見使你感到困惑，令你不知如何取捨。

負面意義： 爭脫、刷新。

Nine of Swords

本質： 　對於從來不信任別人的人來説，這是一張缺乏安全感的牌，代表不安和不良的習慣。另一方面，這張牌也代表有自我懷疑和自我批判的需要。

感情： 　你對你們的關係感到擔憂和缺乏安全感，至於擔憂什麼，則要和其他牌一起看了。不過，這或許是你胡亂猜測而已。

工作： 　由於你嚴重缺乏自信，所以對所作的事存有太多懷疑和不肯定。

負面意義： 恥辱、謠言。

寶劍 10
Ten of Swords

本質： 這牌代表內心已經放棄。思維能量已被搾乾，所以無能為力，決定放棄。

感情： 你的內心已經放棄了一段親密的關係，或是放棄了有關親密聯結的希望。

工作： 在工作或正着手處理的事情上，或許你作出了所有的嘗試，但現在你卻有放棄的念頭。

負面意義： 現實、希望、改善。

◆ 如意 / 權杖 ◆

象徵火的元素

代表能量和生命力

是內在氣質反映在行動中的狀態

是行動的內在動力

權杖國王
King of Wands

本質： 代表成熟的男性能量，有行動力和領導地位。你願意接受挑戰，注重過程，具有務實和自律的美德。

感情： 你表現出強烈的信心和主動性，而且知道自己需要什麼，但卻忽略了別人的感受。

工作： 你目前所進行的事，都需要深思熟慮和決心，你將有更豐富的收穫。

負面意義： 傲慢、嚴格。

權杖女皇
Queen of Wands

本質： 成熟、具接受性，是敏感且開放的女性能量。一個堅強而直率的女性，擁有獨立的個性和積極的態度，往往憑着直覺和經驗作出決定。

感情： 你懂得控制自己的情緒，且能照顧他人的感受，使這段關係處於一個舒適和簡單的狀態。

工作： 你能以開放的態度與人溝通，在接受別人的意見時，仍不失自我，且樂於跟別人分享經驗。

負面意義： 不信任、不可信。

權杖王子
Knight of Wands

本質： 熱情、有衝勁、有魄力、執著，但缺乏國王的成熟和理解力，只在乎過程而缺乏目標。

感情： 你是一個熱情的人，能夠毫無保留地付出感情，但是對將來卻沒有清晰的打算，正如騎士的本質——你只注重過程。

工作： 每做一件工作或事情，你都運用熱情和創造力盡心去做。

負面意義： 中斷、分離。

權杖公主
Princess of Wands

本質：　清新且活力充沛的能量，充滿了好奇和天真。當
　　　　這張牌出現的時候，有可能代表新的訊息即將出
　　　　現。

感情：　不會為特定的人付出，只是自由的流動，且輕鬆
　　　　兼毫無恐懼的勇往直前。

工作：　由於在沒有憂慮和抱有目標的情況下展開新開
　　　　始，所以沒有困難，做事可隨心所欲。

負面意義： 不安分、壞消息。

如意 1
Ace of Wands

在古代中，如意是用木材製作，有着堅硬的特質。

本質：　這張牌代表了很強的能量，代表你心中已經有一個很強的欲望，並正計劃某件事情。

感情：　也許你已有了明確的目標和需要，這將是你行動和邁向成功的動力，但注意不要過於魯莽。

工作：　新的計劃已在內心浮現，並漸漸形成了新的方向。但要聰明一點，不要過早暴露野心。

負面意義：失敗、錯誤。

如意 2
Two of Wands

本質： 暗示會有一股因成長需要而產生的衝破現狀動力，它來自內心，而且具有破壞力，會帶領你邁向全新的階段。

感情： 你們的關係出現了新的需要，或正作出一個更高層次的承諾。如果你沒有伴侶，則代表你正以新的方式來看待這部分的人生。

工作： 工作上有了新發展，或進入了一個新的領域，正以新的方式做舊的事情。

負面意義： 麻煩、意外。

如意 3
Three of Wands

本質： 跟隨自己的目標，樂觀地堅持自己的方向，表現出領導者的氣質。同時，也要不斷衡量行動與目標是否一致。

感情： 你與伴侶的交往可能不太理想，但卻十分真實。此牌也代表你和對方正在摸索邁向更深層次的可能性。

工作： 你正懷着正面的動機，向着目標前進。由於這能與自己的內心一致，所以產生了創造性的活力，並不與環境妥協。

負面意義： 現況不佳、缺少幫助。

如意 4
Four of Wands

本質： 這張牌代表事情已得到自然的完結，是內在需求與外在行動達致平衡的狀態。

感情： 你們關係中的某個階段，將在雙方都接受的情況下完結，或已進入一個更成熟的階段。

工作： 同樣的，某些事情或某一階段的工作將要完成。

負面意義： 失去平靜、沒有結果的。

如意 5
Five of Wands

本質： 這張牌代表受阻的能量、代表現實與期望的差距所造成的困難和衝突。

感情： 你不能看清你和伴侶之間的問題所在，這使你們的溝通更困難。

工作： 你在工作上遇到挑戰和競爭，做任何事都障礙重重，使你感到受挫。

負面意義： 謀略、策劃。

如意 6
Six of Wands

本質： 這張牌代表問題已經得到解決，事情會向好的方向發展，而且內心渴望平穩。

感情： 你和伴侶的關係很平穩，沒有戲劇性的變化，好好享受這個階段吧！

工作： 跟別人的衝突和爭鬥得到了和解，令你對事情的發展有了新的希望。

負面意義： 不誠實、恐懼。

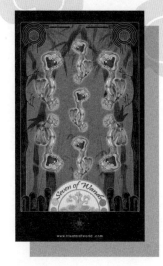

如意7
Seven of Wands

本質： 這張牌代表重新積聚的能量和勇氣，表示你將從困難中解放出來，向着目標努力前進。

感情： 你想促使一些事情的發生，但這需要勇氣和努力才能達到。

工作： 你正努力朝着自己的目標前進。

負面意義： 困惑、失去信心。

如意 8
Eight of Wands

本質： 假若你能用清晰的目光和新角度來處理面前的困難，事情便得以順利的發展。同時，此牌也表示期望和客觀環境得以協調發展。

感情： 你對伴侶的態度和方式有了新的調整，使困擾你們的問題消失，一切步入正軌。

工作： 來自你內心的改變使你對工作和環境有了新的認識，也使你的處事方式有了很大的改善。

負面意義： 爭論、嫉妒。

如意 9
Nine of Wands

本質： 這張牌表示從內心產生的需求，它要求自己以獨立的分析和經歷過的問題，去調整個人期望與客觀環境的衝突。

感情： 你需要審慎的看待你們的關係，不要過於封閉自己和拒絕敞開心扉。

工作： 無論你做什麼，都是獨力承擔。不妨檢視一下過去，看看這方面能否改善。

負面意義： 逆境、有問題。

如意 10
Ten of Wands

本質： 你負上了過多的責任，因而受到約束，無法自由發揮。這也表示作出承諾前要三思而行，否則會引致沮喪的情緒。

感情： 你為你們的關係作出了太多的承諾，並為對方的行動和決定負上了不必要的責任，這使你感到疲倦和沮喪，希望獨處。

工作： 你覺得工作受到限制，不能用自己的方式來開展。也許你接掌了一個不屬於你範圍的工作。

負面意義： 反叛、逃避。

◆ 鼎 / 酒杯 ◆

象徵水的元素

代表感覺的狀態和感情

是我們內心對身邊事物的反應

酒杯國王
King of Cups

本質： 代表懂得給予和分享的成熟男性情感。他能真誠的表達自己的感情和照顧別人的需求。這張牌也代表你擁有創造力的思維，並以此為傲。

感情： 這張牌說明了你們的關係正處於給予和互相關心的狀態；或者對方是個成熟的人，懂得珍惜伴侶的感情。

工作： 你對現在的工作投放了很多心思，冷靜思考是你的優點。結果如何，就要看其他牌的解釋了。

負面意義： 不正當、表裏不一。

酒杯女皇
Queen of Cups

本質： 代表願意接受和富想像力的成熟女性情感。她憑着直覺去接受，並以交出主權來達到內心的平靜。這也暗示可透過創造力的訓練來獲得成功。

感情： 這是一張注重情感滿足和信任直覺的牌。由於無私的接受，你們的關係可能會很美好，但要注意不要變成一個失去主權的依賴者。

工作： 你正處於敏感和富創造力的時期，而善於接受和聆聽是你成功的地方，但記緊不可失去自己的主見。

負面意義： 干涉、品性不良。

酒杯王子
Knight of Cups

本質： 這張牌代表了欲望和夢想。身邊發生的事在你內心激起了欲望，令你在自我和給予之間徘徊。

感情： 對於這段關係，你產生了新的欲求，但到底它只是滿足自己的需要，還是也照顧到對方的需要呢？這你並不清楚。不過，小心被欲望蒙蔽了你的雙眼。

工作： 新的欲望被激發了，但要看清楚這會否只是幻想。

負面意義： 欺詐、不檢點。

酒杯公主
Princess of Cups

本質： 這張牌代表了友善和情感的自由。你對身邊的一切新事物都充滿了好奇，友善和自由的天性使你懂得感覺而不控制、了解而不批判。

感情： 這是一種良好的感情狀態，有安全感而不需要束縛。同時，這也預兆了感情的機緣。

工作： 你將積極的情緒帶進了工作，並以開放的態度與他人相處，為自己的工作帶來了動力和機遇。

負面意義： 心散、脫節。

鼎 1
Ace of Cups

本質： 這張牌代表內心情感的富足和對自己的肯定，這表示你正實踐一項全新的計劃和開展了一段新的旅程，滿懷欣喜。

感情： 這張牌可能是指一段新的關係或新的階段，也可能是指你正在這段關係中自我陶醉，而因此忽略了對方的感受；但這並沒有什麼負面意思。

工作： 你會以自己的方式來做你想做的事，往往只為了自己。

負面意義： 單思、不安定。

鼎 2
Two of Cups

本質： 代表在一段關係中，正以平等的姿態交流，或正在戀愛之中。這源於我們內心的需求。

感情： 你們的關係以承諾、興趣和分享為基礎，也暗示有機會踏入更進一步的階段。如果出現了問題，有可能是你用了以往的經驗來錯誤引導現在的關係。

工作： 這可能說明一段互利的平等合作關係，也可能說明你對工作本身或同事產生了興趣，所以你要客觀一點。

負面意義： 離婚、對立。

鼎 3
Three of Cups

本質： 因富足而懷着輕鬆的心情來慶賀和分享，但也代表你不能嚴肅地看待問題和抱有遊戲的態度。

感情： 你們現在的關係輕鬆快樂，同時也濃罩着輕浮和遊戲的氣氛。有時候，人們會以這方式來掩飾真正的自己。

工作： 你對待工作的態度並不嚴肅，但這不代表你不能把它做好，幸運會一直伴着你。

負面意義： 過渡、推遲。

本質： 這張牌代表身處舒適的狀態，內心因滿足於現狀而妥協或放棄了機會。

感情： 你戀愛的目的只是為了尋求內在的安全感，但這也意味着你需要作出某種妥協，這樣值得嗎？

工作： 雖然目前一切看似穩定，但你卻欠安全感。

負面意義： 新關係、新方法。

鼎 5
Five of Cups

本質： 失望和不滿足困擾着你，令你感到悲傷和空虛。但這也激發了你蛻變的動力，所以機會仍然存在。

感情： 你認為在這段關係中只得到失望和不滿足，但如果你能從自己的內心去審視動機和初衷，你們還有希望。否則，這代表你已有了新的想法。

工作： 你期望的事情沒有發生，令你感到不滿。

負面意義： 希望、重聚。

鼎 6

Six of Cups

本質： 我們被允許去做自己想做的事，令歡樂的氣氛包圍着我們。即使是有限的資源，我們也同樣帶着歡樂去享受它。

感情： 你們正享受現時的狀態，但尚未為進一步發展作好心理準備。

工作： 工作成了你享受歡樂的方式，又或者你正在享受悠閒的假期。

負面意義： 傷感、回憶。

鼎 7
Seven of Cups

本質： 過多的需求會變成放縱。人往往都不能放下過去，為了逃避而縱容自己的欲望，並用混亂來蒙蔽自己的思想。

感情： 你在這段感情中迷失了，看不見事情的本質。顯然，問題源於你的內心，只有反省才能看清本質。

工作： 你用工作來麻醉自己，而且有時會表現得過於情緒化。看來，你需要認清自己的目標和需求了。

負面意義： 勇氣、有利立場。

本質： 這張牌代表你正處於筋疲力竭的狀態和準備放棄。過度的付出或放縱，使我們因精力枯竭而軟弱和懶惰。所以，人應該知道自己的底線，否則最終還是注定要放棄。

感情： 正如聖杯8的本質一樣，你的內心渴望休息、調整或放棄。

工作： 你想放開一切，懶惰一陣子，這因為你過去做得太多，令你身心疲勞。

負面意義： 喜訊、達成目標。

鼎 9

Nine of Cups

本質： 因着期望得到滿足而帶來感情的幸福，或者因對幸福的期望而帶來的快樂。

感情： 你對感情的期望得到了滿足，使你感到很幸福，但很快又會有新的期望萌生。

工作： 你正滿懷期望的為自己的目標而工作，或者你的期望已經達成。

負面意義： 破財、不完整。

鼎 10

Ten of cups

本質: 　內心已經很充實，因為你從過程中學到了所需的知識，但重複的滿足已不能引起快樂。

感情: 　你現正處於一段成熟、穩定的關係之中，但有時卻容易因滿足而忽略了激情的重要。

工作: 　工作方面都很順利，已沒有什麼可以挑戰或刺激你了，這可能令你感到無聊。但有時，無聊也是一種動力。

負面意義: 爭執、沒有安全感。

◆ 馬 / 錢幣 ◆

象徵土的元素

代表身體和物質

是行為作用在身邊事物造成的結果

錢幣國王
Ring of Pentacles

本質： 成熟的男人，在身體和心理上都做好了準備。他務實自信，成功對他來說，只是一件順理成章的事。

感情： 你的伴侶對現狀很滿意，沒有抱怨。

工作： 你在工作上很實際，也很有能力，或許你已為收穫作好準備。

負面意義： 浪費、危險關係。

錢幣女皇
Queen of Pentacles

本質： 代表成熟女性的實際，意味着經過學習和努力才擁有眼前的收穫，並正輕鬆的享受着這一切。

感情： 你能夠輕鬆自在的接受自己在這段關係中的位置，並牢牢的掌握了自己的主權，對現狀感到相當滿意。

工作： 你跟別人或環境配合得很好，並很滿意自己的現狀，實際和效率是你做事的標準。

負面意義： 怠慢、虛榮心。

錢幣王子
Knight of Pentacles

本質： 這張牌代表懷着自信、堅定和決心，努力向着目標前進。你一心達到自己的目標，然後再用敏銳的洞察力去引導結果。

感情： 你傾向引導你們關係的方向，而忽視現狀。或者你只關心自己在感情上的發展方向。

工作： 你憑信念指導自己的工作方式，並跟隨自己的方向。

負面意義： 保守、不振作。

錢幣公主
Princess of Pentacles

本質： 這張牌代表務實地學習調和，令思想與行動一致，並耐心地孕育和等待事情的發生。

感情： 在你們的關係中，有新發展正在孕育，你還需要學習去了解它。

工作： 同樣的，你需要耐心地等待事物以它自己的方式和時間來發展。

負面意義： 反抗、惡報。

馬 1
Ace of Pentacles

本質： 存在是它的本質，你應着眼於事實的存在。此牌表示你的內在和外在都已做好了充足的準備，可以開始實踐你的計劃。

感情： 在和伴侶的關係中，你非常投入，也很稱職。如果你剛剛有了目標，那就開始行動吧！你應該去嘗試一下。

工作： 你的踏實和能力使你的角色更加重要。如有新的計劃，就可以立即行動，因為各方面都已做好了準備。

負面意義： 欲望、不落實。

本質： 這張牌預示着一個來自外在的改變。我們只能調整自己去適應，因為這改變一早就注定要出現。

感情： 你們之間正面臨改變，至於促使改變的因素，則要看其他抽出來的牌了。

工作： 同樣的，在工作上也面臨變動，而這可能是來自自身的工作方式或其他方面。

負面意義： 混亂、墮落。

136

馬 3
Three of Pentacles

本質： 學習結合頭腦、內心和身體來進行創造，以達致成功。否則，你只能不情願地被迫工作。

感情： 你正為你們能更緊密地相處而努力，卻可能沒有想到讓事情自然地發展。

工作： 工作上的成就肯定要靠努力來建設，而你正在奮鬥之中。

負面意義： 不成熟、沒有創意。

馬 4
Four of Pentacles

本質： 　　這張牌代表因執著而帶來的保守和僵硬行為，亦
　　　　　　表示你正採取節制和量入為出的政策。

感情： 　　在和伴侶的關係中，你可能過於執著於某些問題
　　　　　　（可能與金錢或感情有關），這或會使你倆感到
　　　　　　不滿。

工作： 　　過分的執著會使你變得保守和僵硬，甚至採取一
　　　　　　些緊縮的政策，宜加倍注意。

負面意義： 累積。

Five of Pentacles

本質： 這張牌代表身處困境時所產生的焦慮和慌亂。由於你正面對環境的困難和內心的憂慮，以致行動變得無力和雜亂。

感情： 對感情有太多的顧慮，使行動不能達到預期的效果。

工作： 由於做事總欠成效，故令你擔心自己的工作。可能，你正面臨一個困境。

負面意義： 迷失、沒有計劃。

本質： 只要行為的動機建立在公平的基礎上，並符合內在的需要，就會取得成功。這也表示只要合理和公平，需求都能得到滿足。

感情： 在兩性關係中，過分要求合理和公正會讓人感到死板和沒趣。這時，你還是用心去感受比用頭腦好。

工作： 你的工作可能正步向成功，但是過分執著會令你付出代價。

負面意義： 自私、貪慾。

馬 7
Seven of Pentacles

本質： 擔心和顧慮限制了我們的行動，而現實卻未必如你所想的一樣糟糕，積極面對才是正確的態度。

感情： 顧慮阻礙了你和伴侶間的正常發展，逃避並不能解決問題。

工作： 同樣，工作上的發展也因顧慮而受到窒礙。事實上，你所需要的是行動。

負面意義： 損失、不能實現。

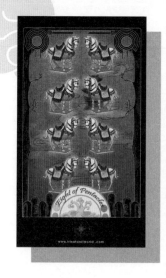

馬 8
Eight of Pentacles

本質：　　成功建立在一貫的細緻和謹慎的處事態度之上。

感情：　　在你們的關係當中，你扮演的是一個謹慎的守護者角色。

工作：　　在工作方面，你謹慎地維護、守護着自己的事業。

負面意義：慌亂、貪財。

馬 9
Nine of Pentacles

本質： 這張牌代表由自己行為所產生出來的相應結果，正如中國人所說的「種瓜得瓜，種豆得豆」。

感情： 不論目前是融洽還是面對衝突，一切都是由之前的行為所造成。

工作： 無論是多是少，你將得到努力工作後應有的收穫。

負面意義： 背信、中止。

馬 10
Ten of Pentacles

本質： 代表內在和外在的豐收與成功，是事物客觀發展
所到達的頂端。

感情： 你已經變得成熟，並對這段關係無所苛求，能以
平和及知足的態度讓這段關係自然地發展下去。

工作： 由於你擁有足夠的能力、經驗和自信，所以在面
對任何工作時都有良好的基礎。

負面意義： 對立、未能達到目標。

第六章

塔羅占卜牌陣

塔羅牌的準確性，

與占卜者的精神狀態有密切的關係。

占卜時，請保持平靜，

並選擇一處寧靜且不受他人騷擾的地方。

記緊不可加入自己對占卜事件的主觀看法。

若占卜結果不是自己所期望的，

切忌重複占卜。

基本牌形

A. 一張牌牌陣

這是最簡單、最基本的問法去知悉簡單的問題，如一些能或不能的問題。

B. 三張牌牌陣

可看出事情的前因後果。洗好牌後，邊想着「過去」，邊抽出第一張牌放在左面；再想着「現在」，放在中間；最後想着「未來」，將牌放在右面。

C. 六角星牌陣

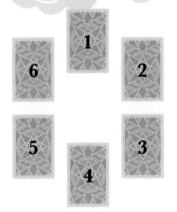

解釋：

- 牌 1：你現在的狀況。
- 牌 2：你的人際關係。
- 牌 3：你現時的經濟狀況。
- 牌 4：你的工作狀況。
- 牌 5：你的身體狀況。
- 牌 6：你不久的未來狀況 / 機會。

D. 真我個性牌陣

適用於七十八張塔羅牌，將牌依序放在 1 至 12 的位置。

解釋:

第 1、5、9 三張牌能說明與求問者有關的事情。

★牌 1 說明求問者是一個怎樣的人,並道出他的個性全貌。若出現——

- 錢幣代表具有社交手腕、領導魅力,並以賺錢為目標。
- 寶劍意味着個性消沉、容易沮喪和想不開。
- 權杖表示這人往往讓強烈的企圖心駕馭自己,並且務必要達到目標。
- 酒杯代表流露愛意,讓人想圍在他身邊。

★牌 5 代表創造力與解決問題的能力。若出現——

- 錢幣說明你是一個開心果,而且容易交到富有的朋友。
- 寶劍指出即使你面對不想做的事情,亦會強迫自己去做。同時,這張牌也代表你擁有少許藝術家潛質。
- 權杖表示你很享受工作。
- 酒杯點出能讓事情變得有價值的人。

★牌 9 說明你的精神狀態,有真理追尋者的意思,也可預視將來必須做的事。若出現——

- 錢幣代表重回學校讀書或旅行的好時機。
- 寶劍指出不要開始任何事情,亦不要展開任何長途旅行。

- 權杖表示你應為自己做些事情，多讀些書。
- 酒杯顯示你應學習的事情或能助你發展計劃的能力。

◆啟示◆仔細看 1、5、9 三張牌時，你將知道或遇見一個對你有極大影響的人。

*注意：分析這三張牌時，可看到哪類型的人最容易影響求問者。

第 2、6、10 三張牌，代表工作與金錢方面的情況。

★牌 2 講述有關金錢的狀況以及你所擁有的財富。若出現——

- 小阿爾卡，而數位為 A 至 5 之間，則代表你在金錢方面將面對很大的問題。若出現（A 至 5 除外）：
- 錢幣表示在金錢方面，沒有太大的問題。
- 寶劍代表沒有足夠的金錢。
- 權杖說明你曾為了金錢而辛勞工作，也道出你擁有什麼。
- 酒杯指出你的金錢狀況沒有什麼問題，但也代表你難以儲蓄。

★牌 6 顯示工作與勞動，也說明了你對其他人的責任與義務。若出現——

- 錢幣表示你熱愛自己的職業，而且覺得這份工作對你非常重要。

- 寶劍象徵工作上出現了問題，比如失業或職位過低。有時，也代表這份工作的不穩定性（正另覓其他工作）。
- 權杖意謂你有太多沉重的責任與困難的工作，讓你在工作時承受很大的壓力。
- 酒杯點出你有一份令人愉快的工作。若出現聖杯6，還代表你這個人樂於為他人服務。
- 宮廷牌指出你感到自己的意義和價值（也代表武力），並總是熱心助人。

★牌10代表一個人如何安排和管理自己的工作，並點出他對管理經營的看法或事業。若出現——

- 錢幣代表一個發起人或是能提高工作水準的人。
- 寶劍意謂你對工作沒有現實方面的觀點。
- 權杖指出你對技術和專業精益求精（或許會回到學校進修或是進行特別訓練）。
- 酒杯意味着你熱愛工作，而且非常快樂。

第3、7、11三張牌，說明求問者的人際關係情況。

★牌3代表當事人對這些關係的看法。若出現——

- 錢幣表示你可以通過教學與寫作去賺取更豐厚的收入。
- 寶劍指出沒有人服從你。

152

- 權杖説明你需要採取不同的策略。
- 酒杯指引你可以用你的方式，如説、教、寫去有效地引導及帶領他人。

★牌 7 代表商務上的夥伴狀況和人際關係。若出現——
- 錢幣意味着你會與所愛的人一同經營一宗大生意。
- 寶劍説明在這段期間，你的人際關係出現了許多問題。
- 權杖帶出在這段期間，你的人際關係出現了一些短暫的分離與破裂。所以，你必須找出人際關係中的重要元素和事物，並好好針對它們，進行修復和改善。
- 酒杯表示你一切都還不錯，例如夫妻倆仍滿有羅曼蒂克的感覺。

★牌 11 代表你所吸引的朋友屬什麼類型。若出現——
- 錢幣表示你將與朋友合夥或一同工作。
- 寶劍意味着你的朋友正陷入麻煩的境況，令你想為他做點什麼。但是，你必須小心謹慎，好好控制你的言行，否則你會顯得過於衝動，並做出了無意義的事情。
- 權杖指引你開始去實踐已訂好的計劃，並向你想求教的朋友處獲取意見。
- 酒杯説明你可跟隨自己的想法去做。假如出現聖杯 3，則代表你將與知己好友有一個聚會。

第 4、8、12 三張牌，代表你無法用肉眼看見的事物。

★牌 4 代表各項事物的狀況及家中的突發事情。若出現——

- 錢幣指出你可在家中工作賺錢，若出現錢幣 6 的逆牌，則表示你可能因要修理家中物件而花費額外的金錢。

- 寶劍道出家中會發生不幸、變故、衝突或傷害。所以，你的家庭生活並不快樂。

- 權杖意味着重建，表示你家中正展開工程或建築。同時，它也代表你有增建房子的打算。

- 酒杯說明你有幸福的家庭。但若出現聖杯逆牌，則要小心。

★牌 8 代表突發事件，說明自身與他人的相關牽連力量。若出現——

- 錢幣顯示你可能正跟一個為你提供錢財與幫助的人交往，而他可能與遺產方面有關。另外，如你所翻的牌之數位愈大，則表示你可能獲得的金錢與不動產就愈多。

- 寶劍暗喻你是個難於與人相處的人，也包含查稅的人員。不要在這段時間進行有風險的事情。

- 權杖指出要小心閱讀即將簽署的法律文件，當中尤以繼承遺產的文件為甚。

- 酒杯代表性。

★牌 12 代表這情況將如何結束．若出現——

- 錢幣表示事情進行得很順利，而且你對自己與整體生活都抱有非常樂觀的想法。
- 寶劍意味着沮喪和休息，或許你需要在衝突中解脫。
- 權杖道出你必需由內往外的為自己作出付出。
- 酒杯指出你有極端的想法。
- 宮廷牌說明在你的心目中，一直有一個無法忘記的人，他可能是你的戀人或敵人。

＊注意：分析這三張牌時，可看到哪類型的人最容易影響求問者。

　　當你解讀完第 12 張牌，請回頭到第 1 張牌，並以順時針的方向再次解讀一遍。

- 第 1 張到第 6 張牌代表此時此刻和現在。
- 第 7 張到第 12 張牌代表未來，也代表你無法用肉眼看到的事物。
- 牌陣的設計很像正方形，但解讀時卻要依菱形序。
- 如你抽到的為主牌，則可按該牌之意思解讀。

E. 生命之樹牌陣

　　適用於七十八張塔羅牌。將牌依序放在 1 至 10 的位置，占卜結果可以維持一年。

1

3

2

5

重要
的啟示

4

6

7

8

9

10

解釋：

生命之樹牌陣必須由底部到上方、由大至小的解釋（即由第 10 張牌解釋到第 1 張）。我們通常用這牌陣來分析生命的整體情況。

完成解讀後，把其餘的牌展開成扇形，並再選出一張，放在牌陣中間，象徵着一種隱藏且能幫你完成願望的智慧。

- 牌 10 代表結果和日常生活的實際情況。
- 牌 9 代表過去的生活，意味着你的習慣、靈魂的中心和潛意識的根基。
- 牌 8 代表思想，也就是判斷真實與虛偽的能力、表達溝通的技能和技巧。
- 牌 7 代表愛，能道出本能、靈感、歡樂。
- 牌 6 代表個性，點出你的特質、目標及對他人的付出。
- 牌 5 代表力量，表示挑戰、重新調整、領導能力和力量的表現。
- 牌 4 代表有利的機會，有賦予、機智、援助的意思。
- 牌 3 代表心靈的意識與理解力，表徵了陰、母親、心靈及企劃能力。
- 牌 2 代表創造力，即陽、父親、意圖、智慧與知識。
- 牌 1 代表高層次的思想，即和諧的狀態、目標與意思的正確判斷力、問題的根本或起因。

F. 自我追求牌陣

適用於七十八張塔羅牌，將牌依序放在 1 至 49 的位置。

49	48	47	46	45	44	43
42	41	40	39	38	37	36
35	34	33	32	31	30	29
28	27	26	25	24	23	22
21	20	19	18	17	16	15
14	13	12	11	10	9	8
7	6	5	4	3	2	1

解釋：

★牌 1 至 7 代表求問者家人的狀況與家庭環境。

• 牌 1、2、3 說明求問者家人之前的狀況與家庭環境。

• 牌 4 道出求問者家人現時的狀況與家庭環境。

• 牌 5、6、7 點明求問者家人的未來狀況與家庭環境。

★牌 8 至牌 14 表示工作或學習方面的狀況。

• 牌 8、9、10 說明過去的工作或學習狀況。

• 牌 11 帶出現在的工作或學習狀況。

• 牌 12、13、14 闡述未來的工作或學習狀況。

★牌 15 至 21 意味着你的感情狀況。

• 牌 15、16、17 代表過去的感情。

• 牌 18 道出現在的感情狀況。

• 牌 19、20、21 闡明未來的感情狀況。

★牌 22 至 28 代表求問者的人際關係及社交魅力。

• 牌 25 點出求問者現時的人際關係及社交魅力。

• 牌 26、27、28 預視求問者未來的人際關係及社交魅力。

★牌 29 至 35 意味着求問者及其對手的競爭情況。

• 牌 29、30、31 說明求問者及其對手之前的競爭情況。

• 牌 32 指出求問者及其對手的競爭現況。

• 牌 33、34、35 闡述求問者及其對手的未來競爭狀況。

★牌 36 至 42 意味着所獲的物質或是任何人際關係、精神性物質的取得。

• 牌 36、37、38 代表過去物質的獲得或是任何人際關係、精神性物質的取得。

• 牌 39 說明現有物質的獲得或是任何人際關係、精神性物質的取得。

• 牌 40、41、42 預視未來物質的獲得或是任何人際關係、精神性物質的取得。

★牌 43 至 49 表示求問者的智慧及精神狀況。

• 牌 43、44、45 道出求問者過去的智慧及精神狀況。

• 牌 46 說明求問者現在的智慧及精神狀況。

• 牌 47、48、49 預言求問者未來的智慧及精神狀況。

G. 應該或不應該牌陣

適用於七十八張塔羅牌。隨意抽九張牌，依序放在 1 至 9 的位置。

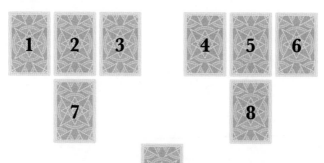

解釋：

* 牌 1、2、3 代表你依心中想法去做的話，可能會發生的事情。
* 牌 4、5、6 說明如你維持現況的話，可能會發生的事情。
* 牌 7 意味着如你作出改變，可能會出現的結果（1、2、3 張牌的結果）。
* 牌 8 指出如你不作出改變，將可能出現的結果（4、5、6 張牌的結果）。
* 牌 9 道出下決心前，你必須知道的事情。

H. 誰是一生最愛牌陣

適用於七十八張塔羅牌。隨意抽六張牌,依序放在 1 至 6 的位置。

解釋:

- 牌 1 代表你過去的戀愛經驗。
- 牌 2 代表你現在的愛戀情況。
- 牌 3 代表在愛情關係中,你想得到什麼。
- 牌 4 代表在愛情關係中,你需要什麼。
- 牌 5 代表你為愛人付出了什麼。
- 牌 6 代表未來有可能得到的戀愛經驗。

I. 誰是真命天子牌陣

適用於七十八張塔羅牌。隨意抽出五張牌，依序放在 1 至 5 的位置。

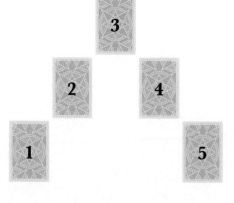

解釋：

- 牌 1 代表真命天子的所屬類型。
- 牌 2 代表真命天子是否經已出現。
- 牌 3 代表你將會經歷什麼。
- 牌 4 代表要注意什麼。
- 牌 5 代表你們的結果。

＊如你已有心儀的對象，即可在占卜時默想其名，然而，當占卜結果與此人的性情、類型和特質有所出入，就不要再重複占卜，暗自強求此人為你的真命天子了。

J. 事業發展如何牌陣

適用於七十八張塔羅牌，隨意抽出十二張牌，然後依序放在 1 至 12 的位置。

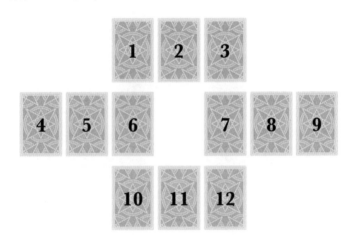

解釋：

- 牌 1、2、3 能對你目前的工作或失業情況作出仔細的分析。
- 牌 4、5、6 能道出造成目前情況的原因。
- 牌 7、8、9 會說明能幫助你改變現狀的人和事物。
- 牌 10、11、12 能預視你未來的情況。

第七章

塔羅 Q&A

1. 自己用過的牌可以轉送給別人嗎？

我建議最好不要這樣做，因為大家的直覺能力不同。選牌時，你是因為對這副牌有一定的好感，而與它產生了內在聯繫；但是，第三者則未必有這種感覺，於是準確度會因而有所偏差。另外，你留在牌上的殘餘訊息也可能影響別人使用這副牌。

2. 如果遺失或損毀了部分的牌，這副牌還能用嗎？

一副牌是一個完整的個體，當遺失或損毀了一張牌後，這個整體就不再存在。所以，這時只能忍痛割愛，另選一副牌了。

3. 什麼叫「開牌」？

所謂「開牌」，就是你與塔羅牌建立聯繫的過程。每買一副新牌，你都要用黑布袋把它裹住，然後放在枕頭下面。這是因為每個人的潛意識都會在睡眠時流動，所以枕頭是你意識最強的地方。另外，「開牌」也包括我在書中提到的凝視和熟記方法。

4. 自己剛買回來的牌，可以讓別人觸碰嗎？

像我前面所說，你必須在新牌上留下自己足夠強度的意識訊息，才能保證日後問牌的準確度。因此，你必須與它溝通一段日子，而我為自己設定的時間則是一個月。在這段期間，你最好親自幫別人洗牌、切牌及抽牌。如果真的不慎讓別人觸碰了牌，那就只好另買一副，再重新開牌了。

5. 洗牌的過程有什麼禁忌？

按照我的經驗，洗牌最大的禁忌就是精神不集中。而當中最常見的就是腦海不時猜測占卜結果，最終造成意識引導，繼而影響結果。所以，洗牌時最好只在心中默念自己想問的問題，同時亦不應對塔羅牌抱有懷疑的態度。

6. 如在洗牌過程中有牌掉出該怎麼辦？

洗牌時有牌掉出，又或在抽牌時多抽了一張不想抽的牌之情況，其實常有發生。我認為這是一張提示牌，代表它要向你傳達一些訊息。如果在同一天內再抽到它，你就應該注意及加以分析了。

7. 可以在一天內重複問一條問題嗎？

在所有占卜行為中，每天只可以問同一個問題一次，這是占卜的規則。而且，重複的問卜，只表示你希望自己期盼的結果在占卜過程中得到認同，所以對問卜者來說，這只是欺騙，並不真實。

8. 可否向問牌者詢問第三者的問題？

這裏涉及到兩方面的問題：一是道德問題，因為每個人的私隱都應該得到尊重；二是準確度的問題，在我們對自己的問題占卜時，自己會將和那個問題有關的意識訊息全面的在塔羅牌中得到體現，但如果不是當事人在占卜，他身上的意識就很難在塔羅牌中體現出來，其占卜結果也可想而知了。

9. 如何對待占卜結果？

基本上，塔羅牌占卜會為你提供一些客觀的參考訊息。例如有一個朋友問我，他將要投資的一家飲食店會否成功，結果我從牌中看到的是「No」。

我叫他不要緊張，先找出問題出在哪裏。在一項一項的投資項目中，塔羅牌顯示店舖的位置和租金有問題。我建議

他再多找幾個舖位比較，並要再作充分一點的準備。雖然有點掃興，但他還是聽了我的意見，暫緩了投資計劃。

兩個月後，他很興奮的告訴我，他找到了新的地點，而先前那個舖位的業主也跟他聯絡，表示願意減租。於是，他再問我這次會否順利。結果，塔羅牌顯示他將有所收穫，而最終也是如此。可見，我們不要只專注於占卜結果，而應多想一想造成結局的因素，並看看我們是否已作了周全的考慮。結局，始終掌握在我們自己的手中。

10.怎樣提問會更準確？

我的朋友經常都問我這個問題。塔羅牌占卜的一大特點，就是問的問題一定要具體，不得籠統，否則會影響占卜的結果。

比如有一個男孩子在我身邊出現了，但我並不確定他的意圖。那麼在占卜問牌的時候，提的問題就不能是「他到底想幹什麼？」而應該具體的問「他是一個過路人？」或是「他怎樣看我？」。這樣，塔羅牌才能給你清晰的答覆。另外，亦不要問一些負面的問題，例如「他是不是壞人？」，而應該問「他是不是一個好人？」。切記不要加入自己的個人意見，好像「如果他真的喜歡我，我可不可以不理他？」

11. 除了七十八張塔羅牌以外，還有一張白咭，到底它有什麼意思呢？

不少外國的塔羅牌均附有白咭，它其實有如一面鏡子，能反映出你的所思所想。當抽到這張牌的時候，代表你心中已有答案，只是不願承認和接受，才透過占卜來獲得心中所期望的結果而已。

塔羅的魔法世界 II

作者
Irisa Lam

編輯
梁美媚

美術統籌及設計
Amelia Loh

美術設計
吳廣德

出版者
萬里機構出版有限公司
香港鰂魚涌英皇道1065號東達中心1305室
電話：2564 7511
傳真：2565 5539
電郵：info@wanlibk.com
網址：http://www.wanlibk.com
　　　http://www.facebook.com/wanlibk

發行者
香港聯合書刊物流有限公司
香港新界大埔汀麗路36號
中華商務印刷大廈3字樓
電話：2150 2100
傳真：2407 3062
電郵：info@suplogistics.com.hk

承印者
中華商務彩色印刷有限公司
香港新界大埔汀麗路36號

出版日期
二零一九年七月第一次印刷

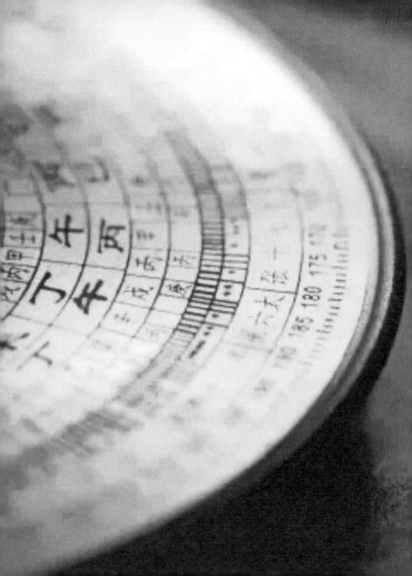

格局風水

何謂風水?「風」就是氣氛和能量場,
「水」就是流動和變化。

★★★★★★★★★★★★★★★★★★★★★★★★★★

風水的原理是什麼呢?
非常核心的四個字「心生萬法」。

為了揭開神秘面紗,SOPHIA
不斷開拓水晶能量風水產品,
為客戶提供更優質的服務!

掃一掃,了解更多!

www.sophia.com.hk